LETTRES
PATENTES DV ROY

noſtre Sire, pour faire refaire & reſtablir (en toute diligence) les ornemens, autelz & fons baptiſmaulx des Egliſes & paroiſſes nagueres ruinées & ſpoliées en ce royaũme.

Auec la commiſsion du Preuoſt de Paris, pour mettre à execution ces preſentes.

A PARIS,

Par Guillaume de Nyuerd Imprimeur & Libraire, tenant ſa boutique ioignant le bout du pont aux Muſniers vers le grand Chaſtelet, au bon Paſteur.

AVEC PRIVILEGE.

HARLES par la grace de Dieu Roy de France, à noſtre amé & féal le Preuoſt de Paris, ou ſon Lieutenant, ſalut. Côme nous ſoyons deuemét aduertiz que pluſieurs Egliſes de ce Royaume, meſme de voſtredicte Preuoſté & Viconté, ont eſté tellement ruynées & ſpoliées de tous ornemés & liures ſeruás à icelles, qu'à preſent impoſsible eſt y celebrer & faire le ſeruice diuin, ne adminiſtrer les Sacremens, à noſtre treſgrand regret, & de noz ſubiectz.

A ij

NOVS A CES CAVSES ne
voulans que par la faulte ou negli-
gence des Curez & Marguilliers def-
dictes Eglifes, vn fi fainct & louable
œuure, à Dieu tant agreable, demeu-
re & foit difcontinué en aucune ma-
niere, mais de noftre part pour la fin-
guliere affection qu'auons à l'hon-
neur de Dieu, conferuation & aug-
mentation de fon Eglife, & côtinua-
tiõ du diuin feruice en icelle, prefter
la main de tout pouuoir, puiffance
& auctorité. Vous mandons, commettons & enioignons trefexpreffe-
ment par ces prefentes, qu'en toute
diligence, & le pluftoft que faire fe
pourra, vous contraignez les Curez
des Eglifes & Paroiffes de voftredicte
Preuofté & Viconté, à fournir à leurs
defpens leurfdictes Eglifes de tous
ornemens & liures requis & neceffai-

res à faire & celebrer le seruice diuin,ainsi qu'on auoit accoustumé fai
re au parauant ladicte ruyne & spoliation d'icelles Eglises. Aussi les Mar
guilliers desdictes Eglises , à faire refaire aux despens de l'œuure & Fabri
que,les autelz & fons baptismaux d'i-
celles,& ce par saisie du reuenu & té-
porel desdictz Curez & Fabriques,&
nonobstant oppositions ou appellations quelzcõques, desquelles auons
retenu & retenons la congnoissance,
& icelle de nostre pleine puissance
& auctorité royal, interdicte & de-
fenduë, interdisons & defendons à
tous autres iuges.Et afin que lesdictz
Curez & Marguilliers ne pretendent
cause d'ignorance de noz vouloir &
intention telz que dessus, vous en-
uoyrez & ferez tenir à chascun de
noz Procureurs es sieges de vostredi-
A   iij

cte Preuosté & reſſort, vn vidimus de
ceſdictes preſentes, pour eſtre ſigni-
fiées auſdictz Curez & Marguilliers,
auquel vidimus faict par extraict au
greffe de voſtre ſiege, Nous voulons
foy eſtre adiouſtée comme au pre-
ſent original : En enioignant à noſ-
dictz Procureurs chacun endroict
foy, faire les pourſuites & diligences
requiſes & neceſſaires, ſur peine de
ſ'en prendre à eux, Car tel eſt noſtre
plaiſir.   Donné à Paris le vingtqua-
trieſme iour de Decébre, l'an de gra-
ce mil cinq cens ſoixante deux.   Et
de noſtre regne le troiſieſme.   Ainſi
ſigné par le Roy en ſon conſeil
          B O V R D I N.
Et ſéellé du grand ſéel dudict Seigneur, ſur ſimple queuë, de cire iau-
ne.

NTOINE Duprat
Cheualier, Baron de
Thiert, & de Thoury,
seigneur de Nantoil-
let, de Precy & Ro-
zay, Conseiller du Roy nostre Sire,
Gentil-hóme ordinaire de sa cham-
bre, & garde de la Preuosté de Paris,
Commissaire en ceste partie, Com-
mis & ordonné de par le Roy nostre
Sire, Au premier Sergét à cheual, fiefé
à verge du Roy nostre Sire au Cha-
stelet de Paris, ou autre SergétRoyal,
chascun en ses fins & metes sur ce requis, salut. Veu les lettres patentes
du Roy nostredict Seigneur, don-
nées à Paris le vingtquatriesme iour

de ce prefent mois de Decembre, fi-
gnées par le Roy en fon confeil
Bovrdin. Et féellées du grand féel
en cire iaulne fur fimple queuë.

Nous en mettât à execution cefdi-
ctes lettres, à la requefte des gens du
Roy noftre fire audict Chaftelet,
Vous mandons & commettons que
requis en ferez, faictes commande-
ment de par le Roy noftredict Seigneur & nous, à tous les Curez des
Eglifes, & Paroiffes de cefte Preuofté
& Vicôté, mefmes à ceulx ou les Egli
fes ont efté ruinées & fpoliées de tous
ornemens & liures, feruâs à icelles, &
efquelles eft impofsible y celebrer
& faire le feruice diuin, & admini-
ftrer les Sacremens, de fournir à leurs
defpens leurfdictes Eglifes, de tous
ornemés & liures requis & neceffaires à faire & celebrer le feruice diuin,
ainfi

ainsi que lon auoit accoustumé faire
au parauant la ruyne & spoliation
d'icelles Eglises, dedans huictaine, à
compter du iour & date du cōman-
dement qui leur sera par vous faict,
Et aux Marguilliers desdictes Eglises, de faire refaire aux despens de
l'œuure & fabrique, les autelz & fons
baptismaulx d'icelles, en toute diligence, & sans discontinuatiō, & à ce
faire & souffrir, les contraignez par
saisie du reuenu & temporel desdi
ctes Cures & fabriques, le temps que
leur aurez prefix passé & expiré, nōob
stant oppositions ou appellations
quelzconques, Pour lesquelles ne
soit par vous aucunement differé, le
tout suyuant le vouloir & intention
du Roy nostredict Seigneur cy dessus trāscript, deuëment collationné
à l'original, par nostre Greffier. Et

B

oultre foit par vous notifié & faict
fuffifammét affauoir aux fubftitutz
du Procureur du Roy audict Chaftelet es fieges & reffortz de ladicte
Preuofté, de faire chafcun endroict
foy les pourfuittes & diligences requifes & neceffaires à faire en tel cas,
& nous certifier des diligences &
execution de ces prefentes, (ladicte
huictaine échuë & paffée) fur peine
de f'en prendre à eux. Et de ce que
faict aurez nous faictes bon & loyal
rapport, pour feruir. & valoir en
temps & lieu,ce que de raifon. De ce
faire vous auons donné & donnons
pouuoir, & de faire toutes côtrain-
tes & fignifications requifes & neceffaires pour l'execution de ces prefentes. Mandons à tous qu'il appar-
tiendra, requerans tous autres qu'à
vous en ce faifant foit obey.

Donné soubz le séel de ladicte
Preuosté de Paris, le vingtsixiesme
iour de Decembre, l'an mil cinq cens
soixante deux.

　　Curez & Marguilliers de la pa-
roisse de
payez chascun par moytié quatre
solz parisis au porteur de ces presen-
tes qui vous en baillera quittance, &
au refus il est permis vous executer
iusques à la concurence de ladicte
somme.

　　Faict les an & iour dessusdictz.

　　　　　　B ii

EXTRAICT DV PRIVILEGE.

IL est permis à Guillaume Niuerd Imprimeur
& Libraire en ceste ville de Paris, d'imprimer
& exposer en vente les Lettres patentes du Roy
nostre sire, pour faire refaire & restablir les ornemens, autelz & fons baptismaulx des Eglises
& paroisses ruinées & spoliées en ce Royaume,
ensemble la Commissiõ faicte de par nous pour
mettre à execution lesdictes lettres. Auec defen-
ses à tous autres de ne les imprimer n'exposer
en vente d'autres que d'icelles qui auront esté
imprimées par ledict Niuerd, sur les peines con-
tenues audict priuilege.

    Faict à Paris le xxviii. iour de Decembre, mil
cinq cens soixante deux.
    Signé   N. LVILLIER.

www.ingramcontent.com/pod-product-compliance
Lightning Source LLC
LaVergne TN
LVHW020854200726
843508LV00003B/1209